我想說的，不都是你也遇見過的嗎？

我 就 是 個 語 錄 控

我可能不完美
但我至少不虛偽

I might not be perfect, at least I am truthful .

推薦序

黑暗中帶點鋒芒的溫暖。

五年前，我有個機會替語錄控企劃了整本書籍的視覺，那個時期正好是我人生的低潮，無論是對人心的害怕，抑或是對未來的徬徨不安。

依舊記得，在好幾個獨自的深夜裡，我反覆閱讀著書中的一字一句，字裡行間那挾帶著憤慨卻真實的黑色幽默、直白明快的文字風格、不遮掩的傷感和灑脫的真性情，一次又一次衝擊我的閱讀體驗，漸漸的，我思考在面對自己人生難處時，是否也能如此直率和豁達？

那段日子裡，書裡的這麼一段話曾給了我力量──

「於是我就這樣一路假裝坦率地長大，但這總是要付出代價的，即使你把那些討厭的聲音刻意屏蔽掉，久了也是會疲累，當自己累到一個程度時，這些堅持就失去了意義。所以後來的我懶得再去偽裝那些毫不在意，如果你真的討厭我，沒有關係，我活著已經夠累了，還要取悅你也太麻煩。」

對於當時的我來說，這段話就像是在黑暗中注入了一道有點鋒芒的溫暖。是啊！活著已經夠不容易了，還要浪費大把時間在那些讓人感到疲憊不堪的耳語？回首過去的那些無謂掙扎，真的是件吃力不討好的事。

可面對這些過程真的能如此坦率嗎？答案或許就如同這本語錄控一樣，因為真心愛過也受過傷害，所以我們懂得去篩選和接納，發生過的「錯誤」不再只是無法扳回的一城，它變成一種養分，最後得出的總和，便是我們成長的模樣。

你心裡的空間就這麼一丁點大，值得保留的，本該就是那些珍貴的人事物，就如同我常說的：「你大多數的不快樂，是因為花了太多時間，在乎那些不在乎你的人和事。」

希望你也能在這本書，遇見屬於你黑暗中的那道帶點鋒芒的溫暖。

Peter Su

目 錄

成長　　　　　　　　　　突破　　　　　　　　　改變

推薦序

Chapter 1
做你沒做過的事情 1 – 33
Do What You Have Never Done

Chapter 2
做你不敢做的事情 34 – 66
Do What You Don't Dare To Do

Chapter 3
做你不願意做的事情 67 – 100
Do What You Don't Want To Do

Chapter 1

做你沒做過的事情叫成長

曾經那麼要好的我們，從來沒意識到就要各奔東西了。
青春，就有犯錯的本錢。所以，就衝了吧！

不要隨意地
將自己的價值觀
套用在別人身上
你的生活方式
不等於別人的

水上人家‧柬埔寨　The Floating Village, Cambodia.

進入社會後，常遇見一些將自己的選擇視為唯一的人；戀愛的人，覺得大家都應該找到一份好的戀情；分手的人，覺得那些幸福的戀愛都是短暫的；喜歡賺錢的人，覺得追尋夢想的人都在浪費生命；追尋夢想的人，覺得那些只為了賺錢的人是在出賣自己的靈魂。

其實說到底，哪裡有唯一的選擇？不過就是當下的自己認為什麼是對的，才會希望對方也認同自己。活著已經很不容易了，就不要再將自己有限的認知套用在別人身上，你認為對的生活方式，對於別人來說卻不見得。

這世界沒那麼多
將心比心
你善良他便得寸進尺
你軟弱他就爬到你頭上
不是社會不夠溫暖
有時候這就是現實
你要懂得保護自己一些
而不是妄想著改變別人

水上學校窗角·柬埔寨　The Window, Cambodia.

從小就被教育要當一個善良的人，但是長大後發現，努力成為一個善良的人要付出極大的代價。那些你明明覺得很憤怒的事情，卻要當作沒發生過；那些你明明覺得很委屈的事情，卻連個聲都不能吭。

我開始說服自己，是因為自己不夠成熟，直到遇見越來越多把自己壓得喘不過氣的人之後，才明白，有些事情本來就是自己的權利，為什麼要犧牲自己去迎合別人？那些被你迎合的人不但不會感謝，反而還覺得理所當然；漸漸地，有一天你只是想為自己出個聲，他們還覺得你得寸進尺。

活在這世界上，每個人都是平等的，那些本來就可以擁有的又何必假裝選擇放棄。現在的我還是想當一個善良的人，只是小時候的我對於善良的想像太少，善良是可以選擇的，原來，學著保護自己也是一種對自己善良的方式。

親愛的自己
不要再逢人
就掏心掏肺
有多少人在你面前
裝得一副挺你的樣子
卻在你背後
動著歪腦筋

上海·中國　Shanghai, China.

接觸的人多了，也就越確信一件事，不是什麼事都可以跟別人說；
有時候你看見的並不是你以為的，不要輕易地將自己內心脆弱的那
一部分和別人分享。

太多次你以為對方會為你的埋怨打抱不平，但到最後，那些你說過
的事都變成他到處傳播的話語，而且全世界都知道了，就只有你自
己不知道；即使發現後想試著為自己解釋，也只是越描越黑。所以
現在懂了，說出口的事情再也不是祕密，有些人，真的不是什麼事
都可以對他們說。

小時候怕黑怕鬼
長大後
雖然還是覺得
鬼很可怕
卻也發現了
其實人更可怕

巷弄間的貓‧日本　Feral Cat, Japan.

在生活中會害怕某件事情，例如鬼，可能是因為對於那件事情不夠熟悉、了解；因為不理解，容易產生恐懼的感受，所以會怕鬼或許也是這個道理吧！但長這麼大，鬼是沒遇過幾次，倒是日常生活中不時遇到一些比鬼還可怕的人事物。

在學校或是工作上，有些人在你背後放暗箭，說了不知道多少種版本的瞎掰故事；一個人看你不順眼，就要煽動其他人一起討厭你，用盡各式各樣的手段。沒有人同情你也是個有感覺的人，覺得你被攻擊都是應該的；最可怕的是，他們還把你的反應當成笑話。

長大了我還是會怕鬼，只是我現在才知道，真能讓你遍體鱗傷的往往不是鬼，是人。

我一直深信一句語
日久見人心
時間是個好東西

美墨邊境·美國　The Border, United States.

有時候「日久見人心」也可以用在好的事情上。

每個人都是孤獨地來到這世上，在經過時間的洗禮後，我們會有不同的習慣和想法，但就在某個瞬間我們找到彼此的共鳴點，我們在人生道路上有了交集，那是一份多麼難得的體驗。

時間確實是個好東西，很多事情都會變化，人心也是，過程中我們篩選掉許多，同時也找到了難能可貴的珍寶。

有沒有這麼一個人
曾經你們
每天都會聊天
但現在卻跟
不認識一樣

獅子山·香港　Lion Rock, Hong Kong.

偶爾我會在某個畫面裡看見你，你不再出現於我的生活中，但還是像個幽魂一樣跟隨著我到每個地方；我還是會想起曾經聊過的話題，說過的一起想去的地方。

那些說過的事情，我靠著別人看不起的自己做到了；那些想去的地方，我也翻山越嶺地走過了。只可惜人跟人之間的緣分，有時候就是這麼薄弱，曾經要好到不行的關係，也可以因為一些事情，變成像是從未認識一樣。接下來你有你的人生，我不再參與，以前說的再見，是為了日後再見，而我們最後說的再見，是再也不見了。

不要怪別人
讓自己失望
有時候是我們自己
懷錯了期望

圖森·美國　Tucson, United States.

人或多或少都會帶著一些主觀的期許去看待別人，希望對方展現出來的樣子，要符合自己心中所想像的，但實際上真的可以這樣嗎？

誰都知道那是不可能的事，如果全世界的人可以按照自己心中的藍圖去活著，說真的，那也太無聊了；況且我們也不是什麼可以創造天地萬物的神，這樣期望別人，是不是顯得太自大了一點。

那些不符合自己理念和價值觀的人，我們就先退三步，走得太近會讓自己失望；有時候可能是自己懷了不該有的期望，問題原來也有可能是出在自己身上。

最讓人無力的
是長大了
卻也變成當初
最討厭的那種人

馬尼拉·菲律賓　Manila, Philippines.

在私領域裡，我們或許可以很坦蕩地去堅信自己的生活理念，但在工作場域和現實利益關係裡，就算不喜歡，也要假裝一切都跟自己很契合，那種刻意迎合的感覺真的很討厭。所以回到自己的小圈圈裡，會想要不斷地抱怨和發洩，朋友說這就是人生，但我總是想所有人都是這樣嗎？沒有人為了自己的理念和生活搏鬥，即使滿身傷痕卻依然笑得很開心？

如果我放棄了和現實搏鬥的選擇，只為了走讓自己感受較舒暢的路，這樣的我真的會顯得比較笨嗎？

那段時間裡，我確實過得很不開心，所以後來的我在看了這些世故後，選擇走自己的路，過程確實比較累，但現在的我比那時候更加開心。

不用刻意告訴別人
當初那些日子
你是怎麼熬過來的
大多數的人
只看到你的現在
沒人關心你這一路
如何辛苦走來

棕櫚 29 號公路・美國　29 Palms Highway, United States.

現實世界裡大家都在忙，忙著去自己想去的地方，忙著用手段去達到自己的目的，忙著關心自己在乎的人和事。

自己熬過的事，沒人可以真的感同身受。對有些人來說，你做對了，本來就是應該的；做錯了，他們似乎都可以暫緩忙碌的腳步來說你一句。

活在這樣的社會裡，不用刻意強調自己的感受，大家想看的都是故事的結局。主角的情緒留給主角自己吸收，你那些誇張的情緒，在眾多觀眾眼裡只剩下矯情，而非你那流過血和淚的真情。

當失望一次又一次地
重複發生
惡性循環的結果
不是生氣
也不是討厭
而是無所謂了

駒根市·日本　Komagane City , Japan.

一段關係的開始不是一天就建立完成的，相對的，結束也是這樣一天一天地走向盡頭。不要總是到了最後才想去怪罪開始，那些下定決心的離開本來就不是無緣無故的，人心再寬容，也無法敵過那一次又一次的冷漠和無盡的失望。

我從來都不會想去怪誰，因為人合則聚，不合則散，這點我還能懂；我討厭的只是那種一開始無話不說的熱情，到最後連想說什麼都已無所謂的沉默。

兩個人的關係其實是有韌性的，人心也是如此；大多數讓人感到失望，甚至絕望的可能不是那些大事，而是死在那一次又一次的小事上。人心的失望，是一天一天累積的，不要總是讓別人等到絕望的那一天；如果有天你叫我，而我沒回頭，不是沒聽見，只是真的累了，覺得該是時候退出了。

看清楚這個世界
並不能
讓這個世界變更好
但至少可以
在看清楚這個世界後
讓自己變得更好

17 哩公路・舊金山　17 Miles, San Francisco.

我從不妄想去改變這個世界，即使有些時候真的很想。那些暴力、霸凌和社會上的種種不公，總讓我對人性感到失望。

已經發生的事或許我們改變不了，但至少那些你討厭的存在，正是讓你自我改變的開始。假設這世界是百分之五十的光明和百分之五十的黑暗，那我們可以在看見那些不美好的現實面後，努力去做些什麼，讓自己成為那百分之五十的光明。

不奢望去改變誰，但願從自己做起，去扭轉不想看見的結局。

對我不滿意
請直接來跟我說
不要一直在背後宣揚
你那沒確認過的事情

豪德寺·日本　Gotokuji Temple, Japan.

有時候覺得敵人比身邊的小人來得誠實，至少對方坦蕩地讓你知道他不喜歡你；而不是表面握著你的手，藏在背後的另一隻手，還握著一把你看不見的利器，彷彿是等待時機，狠狠地將你往死裡戳的小人。

我聽過也見過身邊許多朋友發生了這樣的事，大多數的人就這樣跟著造謠的人起舞；我承認那些惡意的話語，誰聽了都會被影響，要說無動於衷確實有點難；但如果你也想用相同的方式回敬，那真正傷害到你的，並不是那些討人厭的閒話和行為，你討厭的人對你最大的傷害，是讓你也變成他那副模樣。

那些你覺得臉臭的人
其實在別人面前
可能是笑容滿面
不要覺得他冷漠
只是人家暖的不是你

沒有人的酒吧‧雅浦　Bar, Yap.

有些人不笑的時候常常讓人誤會是心情不好,但其實真的沒有必要刻意地對誰都有說有笑,那些虛偽的笑不代表比較有禮貌。

不笑時看起來臉臭的人很多,但其實哪有這麼多天生臉臭的人,只是每個人的大腦裡都有一個自動切換裝置,在自己不熟的人面前不會想多說話,但在自己的朋友面前卻可以把一整天沒講的、沒笑的一次發洩完。

不要覺得誰冷漠,只是人家暖的不是你,有很多事情是勉強不來的,尤其是感覺。

世界的變化如此多
城市在變
人也在變
有些人有些事
無論我們多努力
回不去就是回不去了

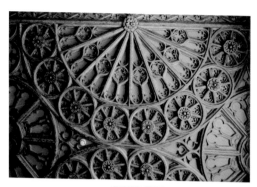

萊羅書店・葡萄牙　Livraria Lello, Portugal.

以前的我很害怕回不去的感覺，擔心那些一去不復返的人事物。後來當我發現「離開」終究是生活裡的常態後，我才漸漸地思考，或許正因如此，我們才懂得去珍惜現在還停留在身邊的事物。

會懷念過去是因為那些人或事，曾經帶來一段獨特的回憶，也正因為這一路上的經歷才造就了現在的自己；也正因為那些過往的經歷，才能擁有此時所能感受到的成長。就像我們常感慨曾經歷過的那些瘋狂青春已經逝去，那些美好歲月任誰回憶起來都會想再經歷一次；雖然世界變化得如此快速，很多事情都回不去了，但也正是那些過去，推著我們繼續前進。

我不是不想
再和你聯繫了
只是你給我的感覺
很像我在打擾你

一個人的遠行·香港　Travel Alone, Honk Kong.

後來朋友問我關於你的事，我都說你可能在忙，所以沒聯繫上。但我從來都沒說，每次反覆按開手機，看著那些被你已讀不回的訊息，還有那些你從未履行的「下次再約」，這種事情發生得頻繁了，我發現有些感覺確實會麻木。

原來一個人主動久了，即使再喜歡也是會累的；所以我決定不再主動傳訊息，也漸漸地不再回覆你那五百年一次的訊息。並不是我真的不想和你聯繫，只是你讓我覺得我是個不斷糾纏你的幽魂，如果真的要當個幽魂，那我寧可轉身當個瀟灑快樂的幽魂。

好朋友就是
你過得好
他嘴裡酸你幾句
但心裡為你開心
你過得不好
他嘴裡念你幾句
但心裡為你著急

老朋友·尼泊爾　Old Friends, Nepal.

我的朋友某 A 生性害羞，反應非常慢，而且說話總是文不對題，常常大家已經不知道聊到哪個話題了，他才回答了第一個話題，所以每次聚會，大家最喜歡開他玩笑。

某 A 在工作上的表現一直不如預期，工作一個換一個，每次他抱怨工作時，大家總是說他應該先反省自己，其實我們都知道他希望聽到的只是朋友的安慰和為他打抱不平。然而在下一次的聚會，幾乎每個朋友又都會主動關心他的工作問題，並且提供許多這陣子想到的解決辦法，即使如此，一邊幫助他，還是不免要酸他一下。

後來某 A 找到了一份理想的工作，每個人的第一反應都是：「何時會離職？」然後緊接著哄堂大笑。不過在聚會要結束前的道別，我聽到的全是朋友對他的祝福。

那個時候我才了解，好朋友之間不一定會用好聽的話來表現關心，心意才是最重要的，即使有些話當下沒說出口，但時間總是會證明那些沒說出口的一切。

虛偽的善良
比什麼都可怕

善惡？柬埔寨　Between Good and Evil, Cambodia.

常常在社群平台看見某些朋友，私底下把某人罵得非常難聽後，又在那個人的照片底下留些「你真的好美」的評語，還互稱寶貝加上許多愛心符號。

一開始看到這樣的情況，會感到非常震驚，但見識多了，白眼早不知道翻到哪去了。親眼目睹的當下內心確實是掙扎的，掙扎著不知該用何種心態去應對那種雙面人。聽過太多類似事件，大多數的人都會用「人在江湖，身不由己」這種突顯利益關係的話來下評論，這句話也沒說錯，我想人心其實就是江湖吧！哪裡有人，就會有自己不喜歡的人，那些充斥著虛偽的利益關係始終難以避免。

那天看完照片底下的留言，我放下手機告訴自己，無論如何也不要讓自己淪落到那樣虛偽的人生。

無論你説得多麼謹慎
只要聽者有意
總是可以
輕易扭曲你的意思

埃什特雷拉山自然公園·葡萄牙　Serra da Estrela Nature Park, Portugal.

我常在思考——說者無心，聽者有意——這個問題，究竟是「聽者」有問題？還是「說者」有問題？後來發現確實雙方都有問題。

剛開始我也會認為是聽者的問題，因為說者早在最初就沒有這樣的想法，是聽者加上自己對於事情的想像，才產生了自己的版本。但當我們身為說者時，確實不容易發現自己錯將某些期望給予了聽者，讓聽者誤以為可以懷抱希望。

一連串的誤會就從這裡開始，到後來當聽者發現那不過是自己的想像，這段自行建立的關係碎裂後，便會開始扭曲說者的意思，甚至帶來更多負面的影響。

我們都曾各自扮演過說者和聽者的角色，不是非得要找出誰先誰後、誰對誰錯，太多時候只是兩者之間的立場、角度不同，無可厚非。

長大往往是瞬間的
就像每次難過到快死掉時
隔天一樣得起床過生活
說著該說的話
根本沒人知道
其實你的內心已經崩解
有些事想解釋也解釋不清
就別花時間了
既然沒人在意你的人生
就別讓他們左右你的人生

獨立飛翔·台北　Flying, Taipei.

我們常在工作、生活不順遂時，將不願面對失敗的消極，發洩在親近的人身上；又在發現他們暗自承受並且默默支撐你時，才明白自己竟用這樣的方式去傷害他們。

當新的一天來臨時，我把自己的心情整理好，依然帶著微笑去面對工作可能的不順利。大家都說成長是一點一滴的經驗累積而成，這說法或許沒錯，但有好幾次真正讓我成長的並不是日積月累的學習，而是那當下衝擊我的真實，有那麼一瞬間我永遠無法忘記，而那一個瞬間讓我在今天之後迅速地成長起來。

有些傷很痛
我沒說話
不是因為不在乎
只是沉默
是我唯一剩下的表情

梅斯卡爾村落·瓦哈卡　Mezcal Village, Oaxaca.

你背後暗傷我的那一年，朋友都說我變得更冷靜，說話也更加小心，每個人都說我在事件過後變得更成熟。真的嗎？

其實好幾次我也差點被自己給唬了過去，直到現在才了解，原來有些痛是真的無法言語的。我後來不再談論並不是因為我不在乎，偶爾想起那些過往，依然會有刺痛感，只是沉默是我現在唯一剩下的表情。

我們總是在安慰
別人的時候很坦率
但在面對自己的問題時
表現像個傻子一樣
其實都是
自己跟自己過不去

鄉間日常·尼泊爾　　The Village, Nepal.

其實道理人人都懂，難的都是自我面對。

很多時候即使我們遇見了相同的問題，你走過了，但我卻剛發生；在我的世界裡，總覺得這是一個別人無法感同身受的困境。不是要去否認別人的經歷，只是那些別人從過往的經驗中得到的答案，對於正在面對的人來說，只是解決方式的一種；別人所能提供的答案並不是唯一的選擇，往往只能拿來參考。

也因此我們才會在別人的安慰和自己的困惑之間游移不定，誰都知道這個檻只有自己能跨過，也知道總有一天一定會跨過，變成所謂的過來人，那些曾經和自己過不去的全都是自己，跟那些道理一點關係都沒有。

有人笑你
你笑著沒說什麼
但是你擺個臉色
卻有人說你開不起玩笑
所以你只能
跟著大家一起笑自己
迎合著他們的笑
卻也傷害了自己

山形慶典·日本　Yamagata Festival, Japan.

人類算是群居的物種，我們從學校到社會，習慣在人群裡找尋歸屬感。在我的理解中，我們想找尋個體與群體之間的聯繫，在這份聯繫裡得到的認同和接納會讓人產生安定感。所以有時我們在極度想融入的圈子裡，即使受到了一點委屈也不出聲，只因害怕失去那份得來不易的接納和安定感。

漸漸地我們放低了自己的姿態去迎合，忘記有些事情要懂得適當地拒絕；學會拒絕確實也是一道難題，因為沒有人想要當群體裡的異類；不懂得適當拒絕的人，也不容易得到別人的尊重。迎合他人其實誰都會，這是一道社會題，但總是盲目地迎合他人真的是一件吃力又不討好的事。

給不起的承諾
就別輕易説出口
聽的人不肯醒
説的人轉身就忘了

水上人家‧東埔寨　The Floating Village, Cambodia.

有時候，我還是相信人在說出承諾那一刻的真心。

聽的人牢記在心，只是中間出現了太多變數，曾經說過的事情可能產生變化，即使結局和自己預期得不太一樣，但誰都無法否認最一開始承諾的真心。給出的承諾有可能會變，緊握的手也有可能會鬆開，現在的我一樣還是會選擇相信，只是在繼續相信的同時，我學會多依賴自己一點；至少這樣在明天起了變化之後，我還可以更堅強地去面對。

我們都只有一輩子，能承受多少個說出口卻又做不到的諾言？當下的珍惜其實就是最好的承諾。

有時候很累
不想說話也不想思考
沒有什麼心情好不好
就只想要一個人待著

童年時光·雅浦　Childhood, Yap.

如果說跟一群人在一起是在消耗自己的精力，那麼獨自一個人的時候，就是在恢復自己的元氣。我一直以來都是這麼理解的。

生活裡累積了很多隱性的在乎，很多我們以為不在意的事情，其實都在心中悄悄生根；那些看似無關緊要的事，有時說出來顯得多餘，不說又會影響情緒。

所以偶爾我們都會不自覺需要一個人好好地放空釐清，不說話和不思考是想要將不必要的事情從大腦排出；沒有什麼好不好，就只是想要一個人待著，一個小時，還是一個下午都好。

那些好意思
為難你的人
其實對你也沒多好
所以你也沒什麼
不好意思拒絕他們的

華拉度列‧墨西哥　Valladolid, Mexico.

什麼都不敢拒絕的人，我們稱作濫好人。我以前也當過濫好人，只是沒想到好心到最後，還得不到別人的尊重。

我不想當濫好人，有一部分是因為自己的付出被利用了；當然也不是說我再也不想去幫助別人，只是我知道當幫助過了頭可能會害人害己。當你發現對方求助的事情超出自己的能力範圍，你已盡力去協助，卻還是無法解決時，最佳的方式就是適時地拒絕這份差事。以前我總害怕如果拒絕了，會被認為是說得到卻做不到，但其實硬著頭皮完成的結果，比適時拒絕還來得慘。

很多時候我們不懂得拒絕，就已經不是什麼「好人」了，明知道不拒絕會帶來更多麻煩，卻又因為太在意他人的看法而自討苦吃，最後也只是在這份認同感裡沾沾自喜罷了。

現在的我
盡量把不開心的感覺
留給自己
不奢望會有個誰
來幫我擔下

秋天波多·葡萄牙　Autumn in Porto, Portugal.

有些事說出口只是想要得到他人的認同，得不到認同時，對事件本身的感受反而會更深；於是漸漸地習慣將那些感受留給自己，不去麻煩誰，也不奢望誰來溫暖我，自己擔下總是感到比較實在。

反正人生總會有那麼幾次遇上這樣武裝自己的時候，那個當下差點說出口的話全都吞回肚子裡，可以消化的也只有自己。

人生苦短
就不要再刻意逞強
懂你的人自然知道
你原本的模樣

洞爺湖·日本　Lake Toya, Japan.

朋友，這個世界上每個人都會經歷一些令人感到無奈的痛楚，那些傷害總是來得讓人措手不及。

身旁的人會告訴你要堅強、要加油，但今天就休息一下吧！不要再一味地告訴自己要穿上所有的盔甲，戴著那副別人希望看到的堅強面具，偏執地去偽裝；讓自己偶爾脆弱一次，並不是犯了什麼罪，允許此刻的不堪和脆弱，讓自己的傷口先好好地長出那道疤，那才是你身上最堅硬的地方。

很多傷我們自己默默地承受著，人生苦短，此刻就不要再逞強了，我知道你最一開始的模樣。

有些人嘴賤
並不代表幽默
有些人直接
並不代表坦率
有些人大聲
並不代表就是對的

果菓市場·菲律賓　The Market, Philippines.

有些人仗著自己和別人的一點關係，就踩著別人的痛處當作自以為的幽默；即使氣氛尷尬卻仍不懂得收場，認為開個玩笑，對方應該不會在意吧！

也有些人遇到對自己不利的事情時，以為先大聲說話就能佔上風，有時見到對方沉默，還自以為可以乘勝追擊。

那些自以為的行為和沒禮貌真的只有一線之隔，所有的人都看清了，只有他們自己還沒發現。

如果有一天
你驚覺我們早已
不是好友關係
那是因為你讓我感覺
你從來都不缺我一個

私家島・帛琉　Private Island, Palau.

偶爾會看見臉書動態牆上，誰又發了準備刪除沒有交集的朋友的宣告文，我卻從來都沒想過要去刪除已經加了的朋友。那些熟悉或是網路上認識的好友動態裡，總有一些是值得分享的，但也總有那麼一些不對等的關係，無論主動了幾次，終究沒有得到回應，與其不斷地自討沒趣，或許不如將它刪除。

所以有天如果你發現我們早已不是好友關係，那是因為你讓我感覺，你從來都不缺我一個。

好朋友就是那個
在最黑暗時陪著你
一起等待天亮的人

約書亞樹國家公園·美國　Joshua Tree National Park, United States.

依舊記得那年和朋友熬夜趕著隔天就要交的案子，兩人信誓旦旦要一起拚到最後，但趕到一半時我就隱約聽到呼嚕聲，起初以為是音樂裡面的背景音，轉過頭才發現朋友早就倒在沙發上睡著，所以我把他手上的那一份也拿來加速完成。直到窗外的天光漸亮時，我把他叫醒，兩個人硬撐著沉重的眼皮，看著窗外那緩緩升起的日出。

有那麼一刻我意識到朋友存在的某種力量，就像他即使什麼都沒做，忙的當下雖然心裡覺得很幹，之後也還是會逼他跟你交換些什麼，可你知道在那個空間裡，你們彼此有聲、無聲的陪伴，就像在黑暗裡等到天亮的那刻一樣溫暖。

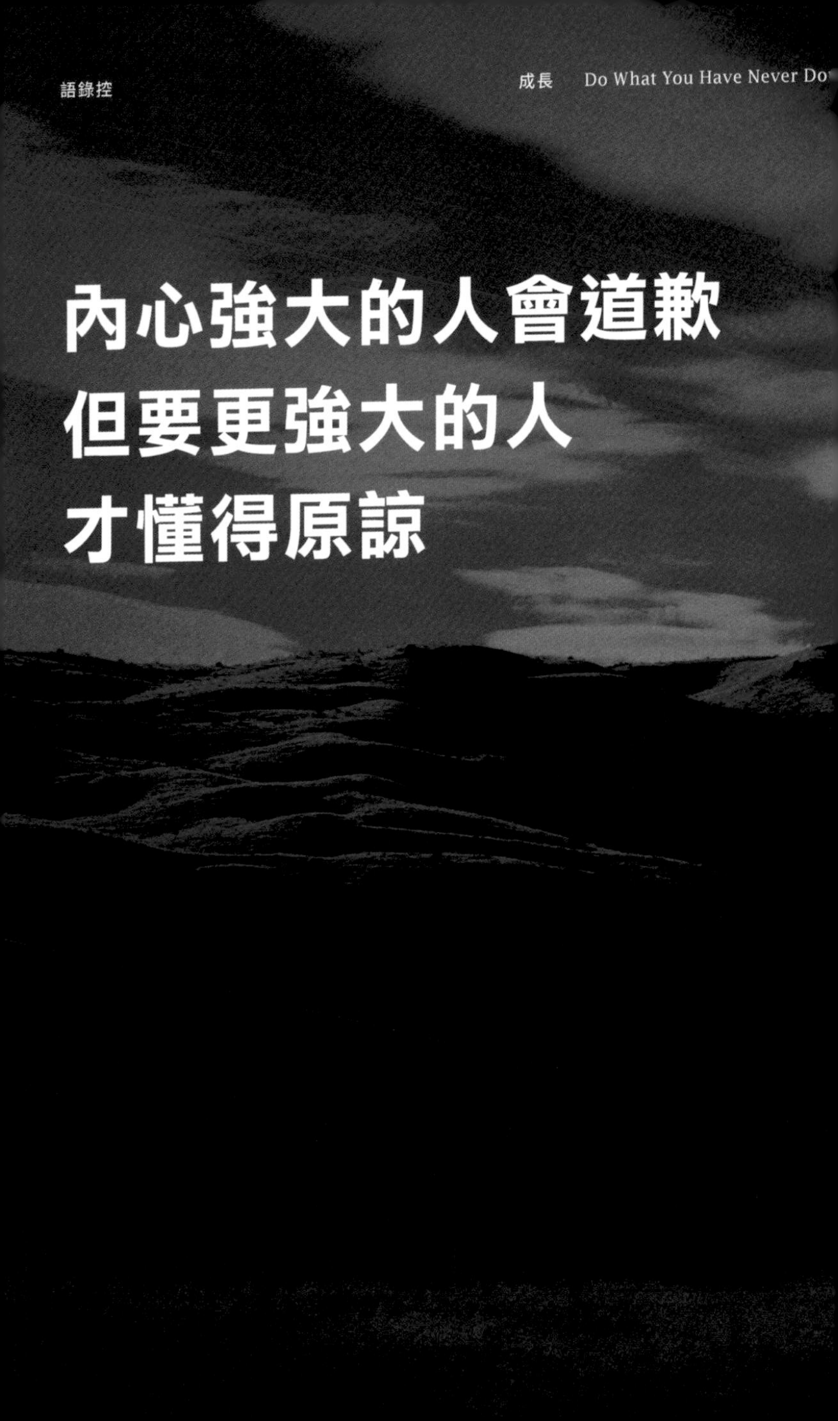

內心強大的人會道歉
但要更強大的人
才懂得原諒

73 號公路‧紐西蘭　73 Highway, New Zealand.

小時候從吵架到我們說出對不起，可能只需要一節課的時間，原諒可能只需要一天的時間。

長大了，道歉需要先把所有的包袱褪去，才有勇氣說出口；而原諒一個人，還可能花上一輩子的時間，才有辦法做出決定。

生活總會有一些
讓你不順的人和事
來刺激你成長

巨人柱國家公園·圖森　Saguaro National Park, Tucson.

其實生命裡的不順遂,都是能量轉化很好的養分。太多的理想總會被現實打擊,人類的本能總是在絕望裡找尋生存的可能,用一些失敗和痛苦來刺激自己往前,也是現實中的一股力量。

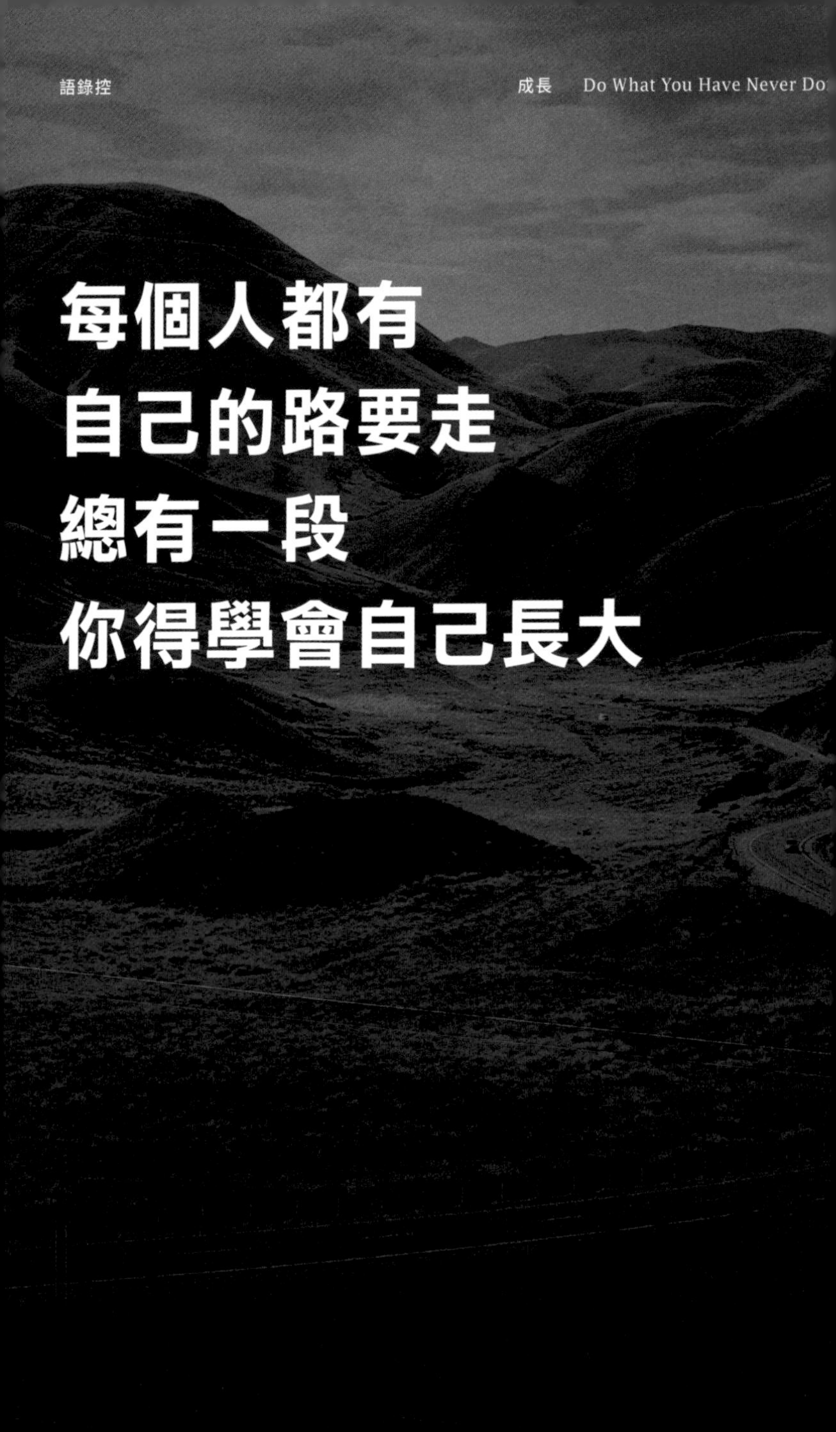

每個人都有
自己的路要走
總有一段
你得學會自己長大

73 號公路·紐西蘭　73 Highway, New Zealand.

覺得現在還有辦法可以任性,是因為身旁的人可以讓自己在脆弱時依賴,即使不想承認自己的挫敗,也還有人可以陪著一起承擔。

但一直到了那個誰都無法懂的痛出現時,才知道不是每段路都有人可以陪著一起走,總有一段路我們必須學會自己去支撐住自己。

Chapter 2
做你不敢做的事情叫突破

原來這就是職場，沒有暫停，也不可能重來。

改變自己，難！所以認識和接受自己變得重要。

如果不想活在別人的期待下，就要相信自己做得到。

漸漸學會用笑容掩飾不想被發現的情緒。

Breakthrough
Do What You Don't Dare To Do

長大後發現
真正的朋友越來越少
留下來的
也越來越重要

進入社會工作後，身邊的人隨著時間的推進，不斷被篩選、汰換，很多你沒有意識到的改變，在某些時刻才會突然發現，原來很多人和事，仔細一看早已變了樣。

大夥感嘆著過去的時光一去不復返，有些人也就這樣從熟悉漸漸地變陌生，而有些關係原以為不用費心經營，更是自己多餘的想像。

任何再好的關係都一樣，每個人都有可能開始新的生活，可以留在身邊，繼續創造回憶的那幾個人，真的越來越重要。

寺廟石椅・柬埔寨　The Temple, Cambodia.

我不怕付出
我怕的只是
用全心全意
對待的那個人
到頭來發現
他根本沒心

曾經在工作場合認識的同事，因為彼此個性還算契合，所以私底下的生活也多了些交集。他的工作能力很強，對於事業也懷抱著美好的夢想。那段時間我們一起出差、熬夜加班，也會為彼此打氣，甚至在老闆獎勵時，還互相推薦對方。後來他順利成了部門主管，在慶祝升職的那晚，酒喝多的他感性地說：「兄弟，你放心，以後我罩你。」我不免開玩笑地酸他幾句，但內心確實感動。

他成了主管後，雖然我們有私交，但在工作崗位上，總是要按照公司的規定執行職務，漸漸地因為彼此立場不同，我們產生了些摩擦，我理解是因為看事情的角度不同，所以我常獨自加班，盡量達成他的要求。就這樣維持了一年左右，公司因營運狀況不如預期而開始裁員，當我知道自己也是準備回家吃自己的一員時，心情很是複雜，總覺得為公司付出了這麼多心血，最後卻是這樣的下場。那天下班我到人資部填資料，順便了解裁員的狀況時，輾轉得知我們部門的決策者原來是那位同事，當下只能裝作冷靜，填完資料，草草收拾東西後離開。那一天離開的過程我異常冷靜，坐上計程車時，這三年的回憶瞬間湧上心頭，突然我才發現眼淚早已流下。其實我從來都不怕被公司裁員，我怕的只是我曾經付出真心，到頭來才發現他根本沒心。

山間裡的相遇‧尼泊爾　Encounter , Nepal.

原諒一個人是容易的
只是很難再去相信
信任是由時間積累而來
失去它卻只要一瞬間

失去信任後，想再將它一點一點找回來，是一種很尷尬且不上不下的感覺。

有時候我們理智上可以選擇性地原諒對方，只是情感上難以控制，那些看似沒有殺傷力的對話和場面，哪怕只是一點風吹草動，都可以將自己搞得神經兮兮。

這樣的感覺就像是碎裂的鏡子，你小心翼翼地將那碎片重新黏合，遠看它是完整的，只有自己知道那觸摸得到的裂痕永遠存在。

瓦哈卡文化中心·瓦哈卡　　Centro Cultural San Pablo, Oaxaca.

你以為對方變了
其實他們
並沒有真的變
只是一開始
戴著的那張面具掉了

我也曾埋怨有些人在認識一段時間後就變了，變得和當初認識的有點不太一樣，某些自己曾經欣賞的特質正在一點一點地消逝，甚至關係開始漸行漸遠。

直到我看見那些人和他們新認識的朋友再一次出現在我的生活周遭，我曾欣賞的特質又再度華麗登場，那時我才搞懂一件事，自己錯放了期待在別人身上，也錯怪了別人的改變。

人進入社會之前，本質大抵上是定型的，只是每個階段的選擇造就出行為上的不同，或許會換張更精緻的面具出現，但內心的那個模樣依然是相同的。

瓦卡蒂普湖·紐西蘭　Lake Wakatipu, New Zealand.

能力不好可以學習
人品不好很難改變

人品和個性常被混為一談。個性是我們經過學習和模仿之後,所衍生出來的外在行為,而人品就是一個人的本質。

高中時有幾個校隊風雲人物,各個英俊挺拔、活潑外向、說話幽默,很得學校女生的歡心;當時班上有個同學和其中一位校隊男生交往,那個男生很喜歡動物、對身邊的朋友也非常好,大家都認為和他在一起一定很幸福。然而在交往過程中,多次被發現他和不只一位女生有曖昧關係;一個下午,同學哭著告訴我從沒想過男朋友是這樣的人,那個下午我靜靜地陪著她,什麼都沒說。

畢業後偶爾在同學會聽見關於那個校隊男生的八卦,大多數都是跟感情有關,而內容多數是花心、劈腿等等描述。同學們事不關己地評論道:「他其實條件很好,但感情真的很糟糕。」我心裡想,個性好並不代表人品就相同,我們無法從一個人的好去推斷出其他面向;誰的內心裡都有一塊缺陷等待著被救援,只是每個人糟糕的地方不同罷了。

隨拍·瓦哈卡　Random Shoot, Oaxaca.

別人對你好
是你的幸運
誰都沒有義務對誰好
不要把它
視為理所當然

在職場上當一個人願意主動對你好，除了利益交換的理由之外，當然也有人是因為真心在乎，所以對你好。

前者的好，容易因為利益解除後，關係就跟著被汰換；後者的好，則可能因為習慣得到他人的好而忘了感恩，在這過程裡關係一點一點被瓦解。

永遠都不要將真正在乎你的人對你的好視為理所當然，多一點互相體諒，因為誰都不欠你。

塔里薩伊市・菲律賓　　Talisay City, Philippines.

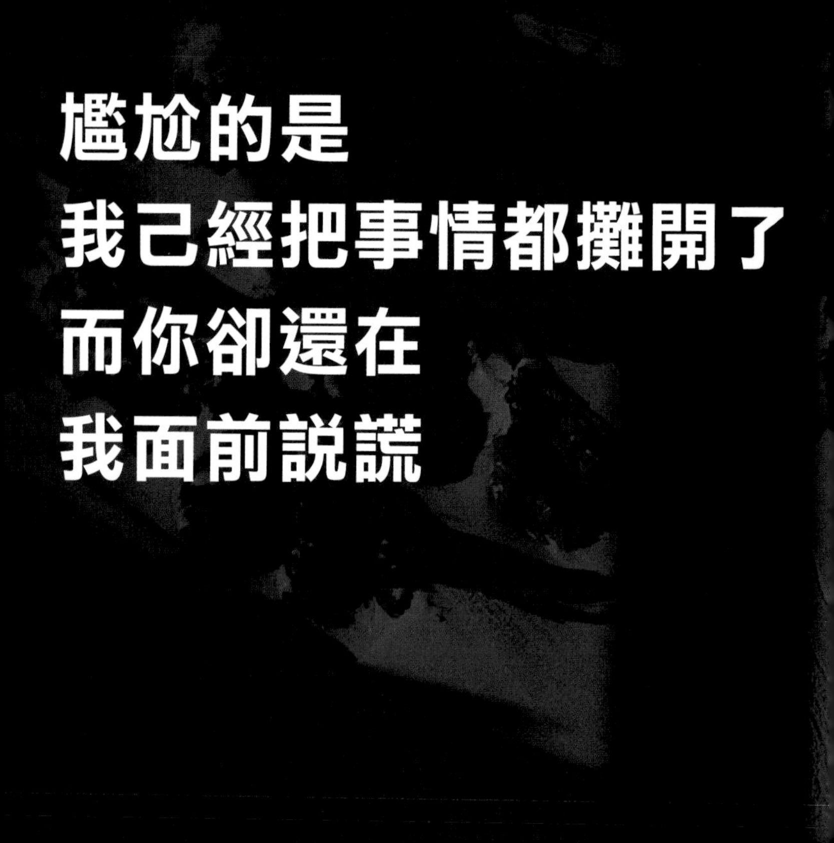

尷尬的是
我已經把事情都攤開了
而你卻還在
我面前説謊

我們就像丟失劇本的主角一樣，我等著你說出每一句精心設計好的爛台詞，你一句一句地說，我一句一句地應。

我並不害怕面對現實，也不覺得懦弱，這個你比誰都懂，但為何要在最後這尷尬的局面，展示出你那軟弱的一面。

從來都沒人想聽那些虛偽安慰的謊言，既然你早已下定決心做個結束，血淋淋的答案總是讓人離開得比較痛快，這早已殺青的戲，你卻依然演得那麼真、那麼深。

千疊敷冰斗·日本　Senjojiki Cirque , Japan.

可怕的
從來都不是壞人
而是那些
表面對你好的
假好人

在實際生活中，遇到真壞人的機率其實不高，倒是那些表面上跟你要好，背地裡卻把你要得一塌糊塗的人卻異常的多。

壞人並不可怕，至少某種程度上來說，他們還比較誠實，例如他讓大家明確地知道他的壞。而那些你真心對待的假好人，刻意維持著和你相同的頻率、接受你的好意，而到了你需要別人拉一把的時候，才會發現那些人往往只是貪圖你對他的好，而非真心待你。

小鎮河川・墨西哥　The Reflection, Mexico.

習慣讓步的人
有一天
只是前進一小步
也被當作冒犯

有些人懂得退讓是因為不喜歡額外的爭執，多一事不如少一事；也有些人習慣了對方的退讓後，不但不感激，反而覺得理所當然。

身邊總會有幾個不喜歡爭執的朋友，常常看見他們被其他朋友打壓，有時候不想解釋，是因為嫌麻煩，總是用一句「算了」帶過。直到有天習慣退讓的人，意識到別人的玩笑開過了頭，回應時多帶了點情緒，對方卻沒意識到是自己的問題，反而還覺得有人翅膀硬了想反擊。

人性有時就是如此現實，那些習慣得到的，總是忘了一開始的不平等，以為自己擁有較多，便把自己當作王。

懂得讓步是你的寬容，但有時讓步也是需要選擇的。

白沙國家公園·美國　White Sands National Park , United States.

你討厭我
真的沒關係
因為我活著
不是為了取悅你

其實我也不是從小就活得那麼坦率，真的可以忽略別人對我的感受，然後自由自在地生活。

那時曾聽人說：「別人怎麼說你，是他們的事，你怎麼想你自己才重要。」所以我開始告訴自己，應該要學著不去在意他們的聲音，但實際上真的很難，應該是說根本做不到完全不在意。

於是我就這樣一路假裝坦率地長大，但這總是要付出代價的，即使你把那些討厭的聲音刻意屏蔽掉，久了也是會疲累，當自己累到一個程度時，這些堅持就失去了意義。

所以後來的我懶得再去偽裝那些毫不在意，如果你真的討厭我，沒有關係，我活著已經夠累了，還要取悅你也太麻煩。

市場日常·菲律賓　The Market, Philippines.

不用擔心
我什麼時候才能放下
失望夠了
我自然會放手
安靜地離開
是我最後的溫柔

每當有人問我：「我還要再給他一次機會嗎？」以前我都是很禮貌地回答：「順著你的感覺走。」然而這樣的問題實在出現得太頻繁，因此只要有人再問我，我都會告訴他：「我覺得你可以再試一試。」我不是鼓勵大家再去受一次傷，我們每個人都在賭那一次的機會，沒有人保證不會重蹈覆轍。

就像轉硬幣一樣，有人想要的是人頭，但每次都轉到字的那一面；可能會覺得是這枚硬幣有問題，所以想找另外一個順眼的硬幣去轉，直到轉到了想要的答案。

我們總是帶著不怕死的決心，不斷地去衝去撞，哪天累了或許自然會放手，雖然我們會心疼所受的傷，但從來都不擔心放下的時刻。

舊金山·美國　San Francisco, United States.

有沒有好感
固然重要
但相處不累
才是王道

雖然你對某些人確實是有好感，可是長期相處下來才發現，有很多事情節奏不對、理念不同，就算刻意地為對方找到合理化的解釋也是徒勞。

若只是單純有好感，就一頭熱地付出，終究是會被現實給消耗殆盡，最後好感度不但不會提升，還累得不想再繼續。

華拉度列·墨西哥　　Valladolid, Mexico.

別為了
不屬於你的觀眾
演一段
你根本不喜歡的人生

進入社會後，身邊的朋友大致可以分為幾種類型——希望大家都喜歡他的、被討厭也無所謂的、不管事的。

這中間有一個比較有趣的現象，被討厭也無所謂跟不管事的朋友，多數在生活上比較自在，所謂的自在並不是指表面上笑得比較開心或是人生比較順遂，而是他們在這體系複雜的人群裡比較悠然自得，在我眼裡，他們就是意志力非常堅強、能堅信自我的理念。

而希望大家都喜歡他的這一類，恰巧相反，這類人私底下都有自己的想法，可在聚會上當大家紛紛丟出和他不同的意見時，他卻為了得到眾人的認同而拋棄自己原本的念頭。

當然他或許可以在這樣的模式中找到屬於自己的開心和自在，只是每當大家回到各自的生活崗位時，我看見的是每個人各自為生活努力的模樣，沒有太多人記得他曾做出的改變，剩下的人生是自己在承受。

在人生這條路上，大家關注的都只是自己想看的，但你才是決定結局的人，所以別為了那些人去演一段你根本不喜歡的人生。

部落人家·瓦哈卡　The Village, Oaxaca.

不再主動
是因為你的冷漠
讓我的熱情
顯得多餘

後來的我也不是變了，只是對於那些反覆的主動感到疲乏，不再期待每次打開手機能看見你的回覆，也不再想去假設你的立場，那些不希望冷場而說的話題我也說夠了。

我不再找你並不是你真的已經不再那麼重要，只是我根本不知道，在你心裡我重不重要，不過這都無須再去思考，因為你的冷漠已經足以說明一切。

烤椰·雅浦　Coconut Grilled, Yap.

當一個人說出
算了
這兩個字時
這當中大概
也包含著失望吧

以前我不是很喜歡別人用「算了」這兩個字做回應，總覺得這樣的回答很不負責任。

直到遇上了你，我才知道原來當一個人說出「算了」這兩個字時，裡面也包含了許多你想像不到的失望。

海鷗私人島・帛琉　　Private Island, Palau.

生活在社會裡
難免會受傷
但是當傷口癒合時
卻會變成
最強壯的地方

誰不是滿身傷疤地活到現在，只是每個人遇到的不同，你沒遇過並不代表這個世界就沒有壞事。

那些受過的傷也算是一種活過的痕跡，即使有些傷害是你極度想磨滅的事，但少了那些挫敗，也無法成就此刻的自己。

生活或許就像是一次又一次精心雕琢的過程，而那些癒合的傷口也將成為自己身上最強壯的地方。

17 哩公路・舊金山　17 Miles, San Francisco.

總要經歷過
一些黑暗和心寒
才能把人心
看得明白

雖然說經歷了光明和溫暖才能感受到人性，但我總在想沒了黑暗和心寒，還有誰能知道光明和溫暖存在的意義。

正因為那些正面和負面的經歷都被吸收到記憶中，才得以有自由的空間去做出自己的選擇，人心不是光看到一面，就能明白全貌的。

北海道·日本　Hokkaido, Japan.

撐到最後
放不下的其實不是他
往往是那個
早已付出所有的自己

有時候人會分不清究竟堅持到最後，感動的是別人還是自己。

我們都可能會有緊抓住不願結束的經驗，在那不斷犧牲一切、拋出自我的時光裡，往往讓人忘了自己也是始作俑者。盲點確實難以發現，應該是說多數的人或許早已知道，只是不願意去面對，畢竟關係建立的過程是真心的、不容易的，誰會甘願就這樣將它摧毀。

這件事我思考了很久，或許那個盲點就在於我們都知道放不下的不是他，也不是這段關係，大部分還是那個把自己感動到哭了，卻沒人懂得的自己。

寺廟宿舍・柬埔寨　　The Temple, Cambodia.

其實沒有人
是真的傻瓜
只是在當下
選擇了裝傻
不說並不代表真的傻

不說並不是因為不知道，有時我們都在自己的角落裡觀察，獨自將一切吸收、消化，從中學習並應用在自我保護上。

但有些人就是不懂得分寸，以為你沒說出口就是不知道，所以繼續在那自以為地耍花招，不知道他那舊把戲早已被人看穿，只是我們都選擇不說破。

這場戲終究還是得讓他自己學會結束、下台。

豪德寺・日本　Gotokuji Temple, Japan.

我無法倒下
因為我沒有依靠

朋友都勸我累了就該休息，我知道那都是出於好意，我何嘗不想活得輕鬆一點，只是每當我想要放慢步伐並且回頭觀望時，才發現從來都沒有可以讓我依靠的人。

生命開的玩笑有時候我都不知道該如何接招，我們就像在不斷前行的路上，淋著大雨卻沒有任何遮蔽物，只能不斷揮掉臉上的淚水，繼續往前跑，跑向一個沒人確定的地方。

盛岡・日本　Morioka, Japan.

學習看淡一些事情
也是一種自我保護

其實要看淡一些事是非常難的，所謂的難，是這段過程很難。

我們並沒有什麼異於常人的天賦，可以輕鬆地讓任何一件自己覺得過不去的事情變得無所謂；我們必須全盤吸收每一次的挫敗和慘痛，直到有一天漸漸理解當中的規則。有些事情再怎麼掙扎，也無法改變結果，只能在結局尚未明朗前，拋下一句：「順其自然。」

讓自己在接受的過程中，去稀釋傷害所帶給自己的衝擊。

學著去看淡一些事，真的是一種自我保護的方式。

晚餐·菲律賓　The Dinner, Philippines.

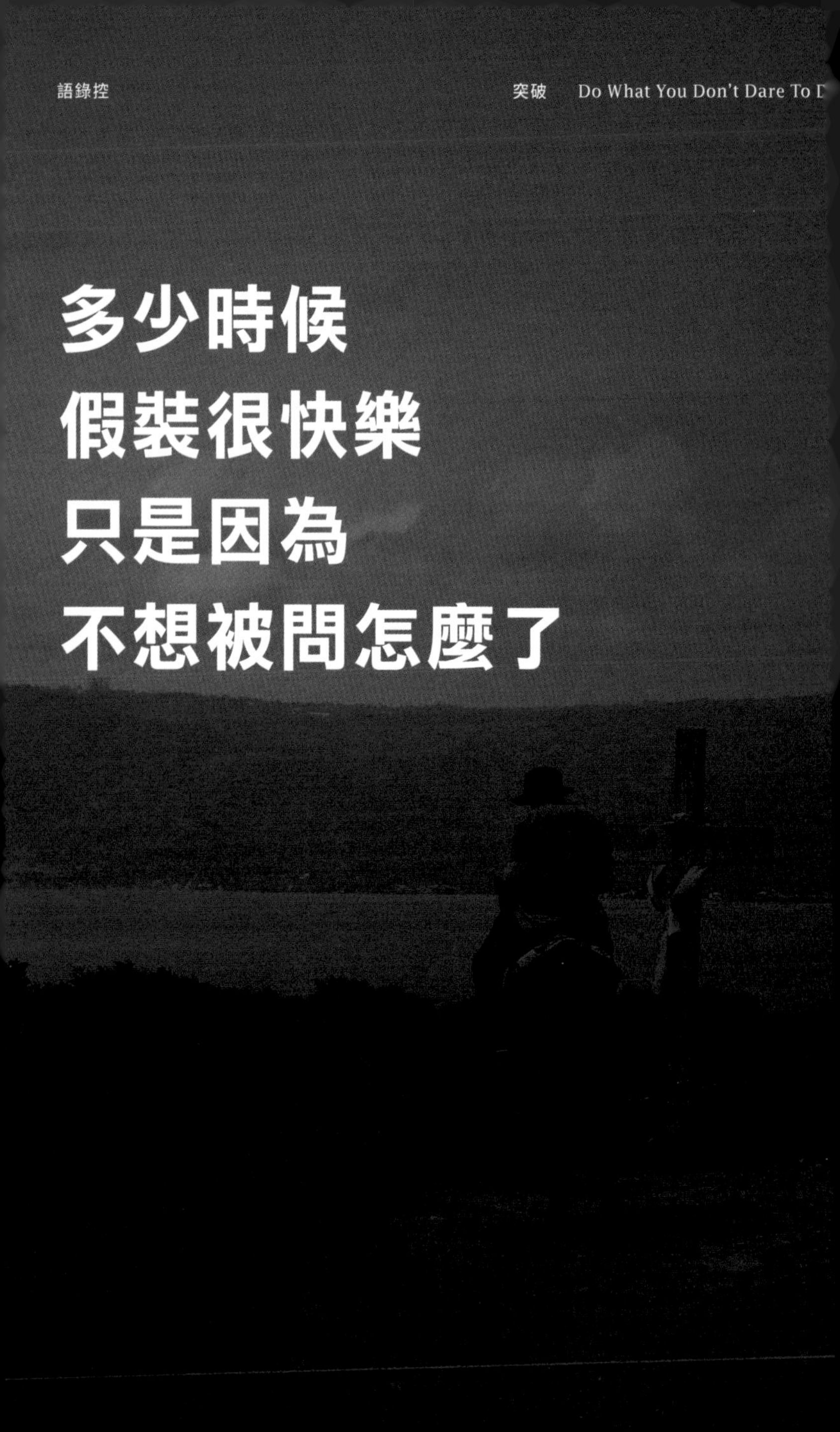

多少時候
假裝很快樂
只是因為
不想被問怎麼了

有時候笑只是想要掩蓋那些不想說出口的悲傷，自己都還沒準備好
面對自己，所以也沒有多餘的力氣去面對旁人關心的眼神和問題。

我不喜歡把負面情緒和還沒解決的事情到處宣揚，我知道自己可以
消化，所以我想等到一切都回復到可以的狀態時再和別人說。請原
諒我有時候不輕易地將那些情緒說出口，我假裝快樂並不是因為我
真的很堅強，只是我連堅強都快用盡了，所以想留點餘地給自己。

怡朗·菲律賓　Iloilo, Philippines.

有時候
乾脆一點地離開
要好過站在原地
假裝若無其事的堅持

大多數的人都希望能完成心中想的事情，無論是一段渴望許久的夢想，還是一場非你不可的感情。當我們無法順利完成腦海裡勾勒出的結局時，旁人總是會比你還堅定地告訴你「要繼續下去，如果真的喜歡就不要放棄」之類的神聖指令。

當然那些溫暖的話語總是激勵人心，也確實可以給人帶來某種程度上的慰藉，但當我們獨自面對選擇的十字路口時，我們卻像是帶著所有人的期待陷入那幾乎無法面對的傷痛，若無其事地拖著疲憊的身軀繼續前進，直到再度敗北回到原地。

我不禁思考著，這些堅持確實沒有想像中的難，但想帥氣地轉身離開這個不屬於自己的世界時，才是困難的。

偶爾承認自己想要放棄並不丟臉，難過的都是那些不敢承認也不願放棄的時候。

巨人柱國家公園·圖森　Saguaro National Park, Tucson.

多少次晚上
躲在被窩裡哭泣
早上起床卻要假裝
若無其事地去面對

不知道從什麼時候開始我就不在外面哭了。

高一那年,一個人到外地念書,生命裡最熟悉的朋友和家人都不在身旁,遇到挫折也不知道該和誰說,只能回到房間裡獨自消化。

人到了晚上總是容易感性,早上裝得越是輕鬆,晚上就越是心慌;躺在床上拿著手機卻不敢打給任何人,怕說了只會讓他們擔心。窩在自己床上時,情緒總是容易被放大,就這樣我躲在被窩裡哭了好久,所有難過的片段都像是跑馬燈似地不斷閃過。

從來都沒人知道那個早上笑得輕鬆的自己,在夜深人靜時哭過、發洩過;隔天起床,收拾自己的情緒,繼續去面對那沒人理解的明天。

札幌・日本　Sapporo, Japan.

愛笑的人
或許也有
很多的心事

身邊總不乏那種笑聲很爽朗並時時散發樂觀能量的朋友，每當有人遭遇不順，在他們面前抱怨時，都顯得像個消極的孩子。

直到與他們深交後才發現，其實他們生活裡所遇到的挫折，遠比我們以為的還要多很多，原來愛笑的人並不是都那麼無憂無慮。

笑可以被拿來掩蓋很多複雜的情緒，可以避免尷尬，把另一個自己鎖在別人看不見的深處，從不期待被人發現。

那些藏著沒說出口的事情，或許才是內心難以磨滅的痕跡。

波多·葡萄牙　Porto, Portugal.

很多事在意了又怎樣
努力過了
便問心無愧
剩下的都是順其自然

曾經我也將那些過往搞得驚天動地，以為只要自己全心全意付出，便能得到令人期待的結果；但太多事與願違，讓人感到無力。

現在的我不再將那些想要的事情到處宣揚，即使很渴望，也只會默默耕耘。然而，看淡並非不再努力，而是對於結果不再執著，很多事情可遇不可求，不屬於自己的就別像個瘋子一樣地去在乎，只要盡力了，剩下的都是順其自然。

夕陽街景・圖森　The Street, Tucson.

事情不是發生在
自己身上
誰都無法揣測
當事者的感受

經歷過相同遭遇的人，碰在一起總是可以互相得到安慰，但有時候對於剛發生類似遭遇的人來說，那些當下的感受的確還真真實實地存在，並不是跟他們說一句「這也沒什麼」，就可以真的假裝沒事，那些難過、憤怒、無奈，還是需要時間消化。

雖然同樣的事情發生了，但因為當事者不同，總會產生些微不同的變化，而那也不是非當事者能實際感受的。同樣的一根針扎在不同的人身上，痛覺永遠都不一樣，因此誰都無法揣測當事者的感受。

古蹟·宿霧　The Ruins, Cebu.

想法簡單的人
不見得是沒見過
生活現實的人
有時候可能是
因為了解現實
而選擇做一個簡單的人

我們總會經歷一些讓自己瞬間明白的事情,而那瞬間或許會讓我們決定想要成為一個什麼樣的人;不過選擇做一個什麼樣的人,跟遭遇過的事情並非絕對相關。

可惜社會上那些帶著偏見的眼光,總將你過去的經歷和你的為人綁在一起,沒人看見你在那之後所選擇成為的模樣。

海鷗先生・美國　Seagull, United States.

除了你自己
從來都沒有人
能代替你
去你想去的地方

很多時候我們都帶著他人有形無形的期待去展現自己，包括我們也會期待他人去展現我們自己心中想看到的樣子。有些人帶著這隱形的壓力成長，在學業或是工作上做出別人認為正確的選擇。

那感覺就像在自己的背上插著別人的翅膀，飛往別人想去的方向，可是從來都沒人可以代替你飛往你心中真正想去的地方。

馬德望・柬埔寨　Krong Battambang, Cambodia.

帶著負面情緒的時候
少說話
流淚的時候
少決定

生氣、憤怒還是難過時所說的話大部分比較直接且欠缺思考，一來可能傷害到無辜的人，二來別人從不會真心納入你負面時所說的問題和決定。所以當下可以選擇沉默應對時，就盡量不回應。

答案其實一直都在自己心中，等到狀態整理好了再說出口，掌控權永遠都在自己手上。

花卷·日本　Hanamaki, Japan.

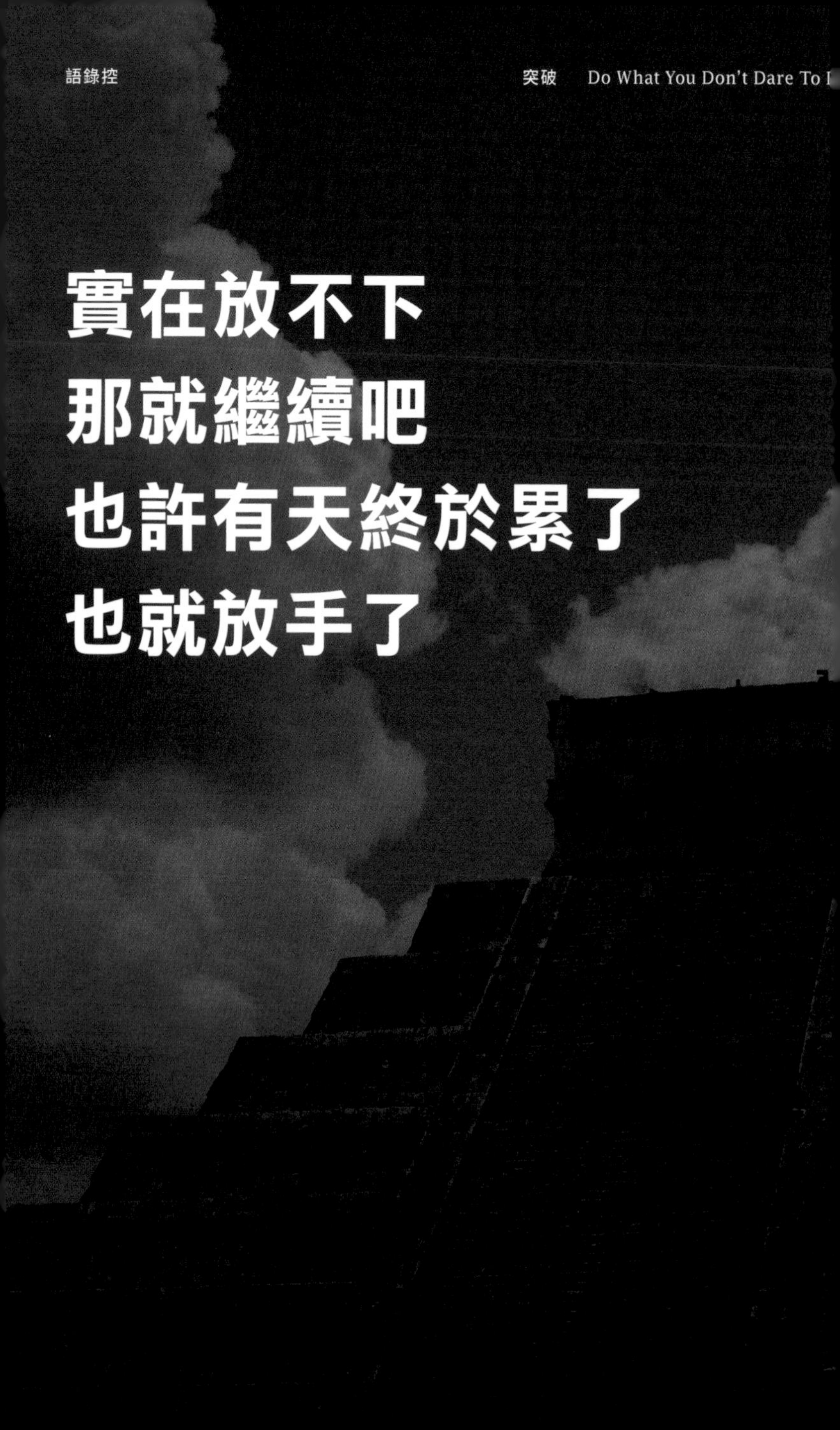

實在放不下
那就繼續吧
也許有天終於累了
也就放手了

和好久不見的朋友總會在難得的聚會裡，一起瘋狂、抱怨工作上遇到的事，結尾總是大聲嚷嚷著好想離職。

但誰都知道那只是心情上的宣洩，真的要放下自己辛苦付出的一切，確實滿難的。當不滿的情緒找到了出口，再回到原本的崗位時，又會重新感受到力量；如果沒有，至少多了一點面對問題的勇氣。

那些想放卻放不下的事情，如果真的那麼難決定，就先暫時抓著吧！反正總有一天真的累了，你也會放得毫不猶豫。

奇琴伊察·墨西哥　Chichen Itza, Mexico.

最折磨人的
還是那段
從熟悉到陌生的過程

其實變成陌生人並不可怕，陌生這個感受在我們生活裡不斷地出現，我們總是習慣和那些陌生的感受擦肩而過。

我始終相信所有發生的事都是特定的安排，那些出現在生活裡然後又離開的人，都是來教會我們一些事，無論好壞都照單全收，即使過程總是有那麼多折磨人的情緒。

梅濟東卡農·法國　Mézidon-Canon, France.

我是個容易感動的人
若不是真心
就不要肆意
插足我的生活

我想這跟單純無關吧！有時候只是大腦裡感性的區塊較發達，容易對於身邊發生的微小事物感到滿足。

面對人也是，總在感到對方的真心後也急於拋出對等的付出；

可現實總不如自己的想像，有些人的目的並不和他的行為一致。

其實我怕的都不是那些毫無防備的突如其來，怕的只是從原本真心在乎的感受逐漸變陌生的過程，那是一股發自內心的疼，無藥可醫。

藏前神社·東京　Kuramae-jinja Shrine, Tokyo.

Chapter 3
做你不願意做的事情叫改變

如此疲憊，如此挫敗，幾乎要忘了自己的初心……

原來他們在乎的只有結果，過程中的煎熬他們根本不會在意。

這段期間受了那麼多委屈，已經想不出可以依賴的是什麼了？

這輩子從沒在這麼多人面前受辱過……

Change
Do What You Don't Want To Do

無論如何
都已經走到了這一步
給自己一點肯定
你比你想像中的
還要堅強

馬永火山·菲律賓　Mayon Volcano, Philippines.

好幾次我也試著想要放棄，並不是因為我已經不熱愛那件正在追尋的事物，而是我的疲乏已幾乎達到了顛峰，找不到可以宣洩的管道。

那些情緒像是反作用力一般地彈回身體裡，跑馬燈似地，我回顧這一路走來的一切，唯一還能支撐我的，只剩下那沒人能依靠的自己。

我告訴自己，好不容易走到了這一步，早已比想像得都還要堅強。

所有的失望
累積到了深處
爆發時沒有聲音
也沒有喧鬧
只剩下安靜地離開

洞爺湖·日本　Lake Toya, Japan.

人失望到了深處，沉默便是唯一的回應。

還可以大聲喧鬧的都還帶著一絲希望，希望能在這過程裡找到一點挽回的餘地，因為還在乎，所以爆發的都是情緒。

一直到那些在乎被燃燒殆盡，剩下的全是一片死寂，再也不張揚、不期待。

你做得再好
還是有人
會説你閒話
你需要討好的
僅僅是你自己

白沙國家公園·美國　　White Sands National Park, United States.

人的內心多少都需要被認同，越缺少自我認同的人，往往越在別人身上找尋，透過他人對自己的認同得到存在的價值感，別人就像一面鏡子，而你只能從那面鏡子裡找到自己。

這樣的狀況在群體社會裡不斷發生，我們總是容易忘記自我需求的存在，一段時間後就會感覺到疲累，無論你做得再好，只要有人說閒話，情緒總是馬上受到牽連。

但那面鏡子裡的人一直以來都只有自己，從來沒有別人的身影出現過，你需要討好的從來都不是鏡子外說閒話的別人，而是那個一直以來看見的自己，因為討好別人的人生並不會變得比較順利。

關係再好
也要將心比心
不要讓自己的無所謂
成了消耗彼此的利器

圖森·新墨西哥州　Tucson, New Mexico.

一個人對我們再好，也會有累的一天，那些仗著彼此關係深厚，而恣意揮霍掉的全是彼此的感情。

總有人會因為我們的態度而放棄過往所建立的關係，人與人之間的無所謂總能傷到深處，而故事也就這樣緩緩地寫到結局。

有些人認識過就好
不用深交

石化瀑布·瓦哈卡　Hierve el Agua, Oaxaca.

人的一輩子能擁有幾個深交的朋友就已經很難得了，不是所有的人都那麼幸運，可以遇到一拍即合的友誼。

每個人對於人與人之間的關係，存有不同的想像，每一段關係裡我們追尋的多數是彼此創造出的幸福感、滿足感甚至是成就感。當然我們無須把感覺量化，但我們其實沒有太多的時間，能讓你感到開心、快樂抑或是成長的關係，都是我們想要繼續走下去的動力來源。而那些總讓自己感到不快樂的，又何必花太多時間去委屈自己。

今日的祕密
或許讓你們兩人
感情增加
而到了明天
卻是讓其中一方
死於無形的武器

馬特洪峰·瑞士　Matterhorn, Switzerland.

說出口的事情早已不是祕密，這是我歷經無數次換取到的教訓。

有時候我們向別人訴說，並不是在抱怨，而是一種信任，只是不是所有的人都可以堅守我們的信任。每個人確實都有權利去說自己想說的，只是說出口的同時，也等同於將說出去的權利交給別人。

這件事我牢記在心中，祕密應該是藏在心底，不說出口的。

選擇快樂
總是需要莫大的勇氣

夕陽·雅浦　Sunset, Yap.

人說快樂是不需要選擇的，但很多狀態下，快樂是需要選擇的。

就像每次遇到不順遂時，大家都會說要多往好處想，可當下是悲傷、憤怒，甚至是失望的，這些真實的情緒，都是無法被否定的事實。

所以當你選擇往好處想、用正面快樂的態度去面對不順遂時，同時你就必須消化掉那些負面情緒，用更多的勇氣去抵抗快樂以外的情緒，那些選擇都需要莫大的勇氣才能堅持下去。

當你做對的時候
大家都認為理所當然
當你做錯時
連呼吸都是錯的

東灣優勝美地・舊金山　Sunol Regional Wilderness, San Francisco.

在社會裡，大家對他人正面的評價總是比負面評價來得多，也因此「錯誤」在團體中會顯得突兀，容易被人察覺甚至加以評論，在這樣的習慣下，我們往往更容易記憶住負面形象。

當一個人的行為順應了社會所理解的邏輯時，我們容易產生理所當然的認知，並且不加以解釋；而當有人被社會邏輯標籤為「錯誤」的形象時，往後所產生的印象都容易被連結到錯誤端，這就是人性的現實。

有時候事情很簡單
複雜的
都是自己的腦袋

北海道電車·日本　The Train in Hokkaido, Japan.

永遠不要在事情尚未發生之前，自行預設結局，到頭來會發生什麼事，沒人說得準，想太多只會先把自己搞砸。

有時候真的很想一巴掌拍死腦袋裡的「想太多」。

有些人遇上了
讓你懂得珍惜
有些人遇上了
讓你學會繞道而行

庫克山國家公園·紐西蘭　Aoraki Mount Cook National Park, New Zealand.

生命中無論遇到什麼樣子的人，都是一門重要的學習，我從不會想刪去任何一段曾發生過的事。

有些人的出現讓你知道社會的溫暖，有些人的出現卻是讓你知道自己真好騙。對於後者，下次遇到了不要有所交集，也不用多花任何一秒在那些無意義的人身上；留下前者，記住社會的美好。

用盡心機
不如用心做事
期待別人
不如依賴自己

仙台·日本　Sendai, Japan.

在現代社會裡不用點心機是無法存活下去的。每個人都會有心機，這是人性的真實面，不用否認；有心機不是件壞事，但問題在於用在哪、又用了多少？

心機就像種癮，有些人陷得太深，而無法回到本質上的自己，難以看清利益之外的人生。

用盡心機活著的人，無限輪迴地消耗別人的情感，也忘了自己到底是誰，最後得到了自己想要的，卻也失去了最難挽回的人心。

承認自己的錯誤
並不丟臉
那是一種成長

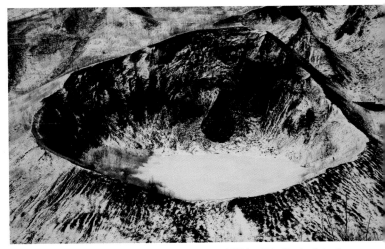

金比羅火口·日本　Konpira Crater, Japan.

大多數的人都知道自己的錯誤在哪，只是沒人說，也就不會有人想去承認，就這樣我們總是催眠自己，好像從沒有這些問題似的。

承認錯誤，並且修正它，對於某些人來說是很困難的，因為要改正自己的問題之前，必須先承認這個錯誤。

因為在乎
所以才有那麼多情緒

瓜納華托·墨西哥　Guanajuato, Mexico.

並不是想要用「因為在乎」來合理化情緒,但人之所以會產生情緒,確實都來自於情感上的連結。無論當下所表達的是何種情緒、多大多小,都攸關當事者對於事件本身的在意程度。

人畢竟是情感的動物,愈是在乎,就愈容易在情緒上失控,只是每個人控制的力道不同。如果是打從心底不在乎,其實連敷衍都沒有時間。

現在的我
會看清一個人
卻不會去說穿
討厭一個人
也不再花時間去糾結

列伊寺·西哈努克　Wat Leu Pagoda, Sihanoukville.

因為發現自己的時間越來越少，討厭的事情已經夠多了，就沒必要多花時間跟力氣去討厭一個人。

討厭的人依舊存在是不變的事實，既然抱怨完了就不要再想，剩下的空間留給自己。

如果每件事情都要不斷糾結，那真的會變成令人感到無力的人生。

輸不起就站起來
只要死不了就還好
用自己去證明
自己過得很好

冰上蟻·日本　Ant, Japan.

生活本來就沒有比較同情誰，曾經我也一度在現實和理想之間徘徊。但那些努力從來都不會有人特別注意到，在這誰都想要更好的人生裡，每個人都在靠自己的方式拚搏。

明天的生活或許依舊困難重重，沒有人真的是輸家 , 除非自己先選擇放棄；如果你輸不起那就站起來，用自己的方式證明自己可以更好，反正還活著就一定會有好事。

或許每個人的心裡
都留有某個位置
給一個和你關係
已不再的人

寺廟窗景‧柬埔寨　The Window View, Cambodia.

有些人可能再也沒聯繫，這輩子連再見到面的機會都不會有。無論他曾在你的生命裡有什麼樣的分量，最後又是如何地離開，你都不會再遇見第二個他。

而那個記憶就這樣被深深地鎖在不會被特別拿出來討論的某處，安靜地擱置在心底的某個位置，無關好壞，卻也無可取代。

有時候對一個失落到
説不出話來的人
最好的安慰
是無聲的陪伴

水上生活·洞里薩湖　　The Boat Life, Tonlé Sap Lake.

面對挫敗時，我們必須冷靜、接受、反省……這些道理人人都懂，不過當事情真的發生在自己身上時，很難再去想到那些簡單的道理。失落的人想聽的並不是自己也知道的事情，真實的陪伴往往才是言語給予不了的安慰和力量。

友善地對待你討厭的人也是一種成熟的表現

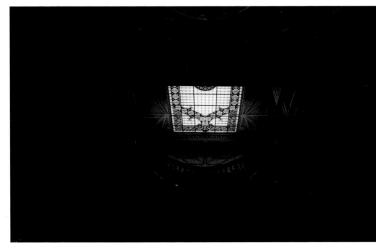

波多·葡萄牙　Porto, Portugal.

小時候總覺得面對那些不喜歡的人，還要笑臉以待，真的是一件很虛偽的事，那時候我告訴自己不要成為這樣的大人。

長大後接觸的人多了一點，漸漸地理解社會上確實存在各式各樣的人，於是嘗試不再將自己的想法套用在他人身上，也愈來愈不去干涉他人對於理想生活的追求。因為我們也不希望自己的生活被人打擾，所以友善地對待別人，也是一種善待自己的方式。

原來一個人
絕望到了深處
連表情
都是多餘的裝飾品

山間日常・尼泊爾　Daily Life in the Mountains, Nepal.

現在才懂。當一個人真的難過到沒有聲音、沒有表情的時候,心有多失落;那個狀態的自己,就連臉上的表情都是嘗試掩蓋心中情緒的裝飾品。

即使再難過也會擠出笑容去應對生活的交際,再生氣也可以表現得雲淡風輕;那些在乎的事情也不再刻意解釋,這大概就是絕望到深處的人吧!

有時
不表達自己的情緒
別人永遠不會知道
他們到底多過分

駒根市·日本　Komagane, Japan.

對於不懂分寸的人，你我都有不同的應對方式，有些人會抽身而退，
但也有些人不為自己的委屈出聲就不甘心。

這兩種方式我都做過，有些人的確當下要讓他知道自己的底線，否
則他永遠都會犯同樣的錯誤。就像你總是習慣退讓，不懂得為自己
的權利找到平衡點，有天你受不了而爆發時，他們還會覺得是你的
問題。

我的個性不完美
謝謝那些看清我的一切
卻依舊留下來陪我的人

私家島·帛琉　Pravite Island, Palau.

什麼都要盡善盡美，其實是一件壓力很大的事。完美或許是一種理想的狀態，但實際生活裡，這樣的要求容易讓身邊的人喘不過氣。

很難有人可以總是保持完美的狀態，正因為自己身上有不完美的缺角，才可以遇到能完整這塊缺角的人啊！

人心的失望
很多時候
是一天一天的累積
不要總是
讓別人等到那一天

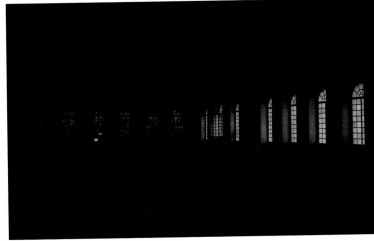

瓦哈卡博物館·墨西哥　Museum, Mexico.

很多關係的致命傷並不是那些看似困難的大事，而是那些一再重複
的小事所累積。

前面的爭執和咆哮都只是還不想離開的訊息，沒人去發現這糾結過
程中所隱藏的訊號；直到有天成了一片死寂，才發現原來真心的離
開，是連一點聲音都沒有。

時間總會告訴你
誰是真心真意
誰又是假情假意

普恩山·尼泊爾　　Poon Hill, Nepal.

總覺得人生路上每次的遇見都是有原因的。

有些人的出現讓自己將世界看得更清楚,那些不好的人和事不要想刻意刪除,反正想逃也逃不了,不如就大方地讓它留在那。

至少這樣可以提醒自己,有些人不必深交,那些真心留下的,我們也願意將自己的好留給他們。

長大後的堅強
並不是變得冷酷
而是眼淚已在打轉
卻還是在笑

母親的身影·柬埔寨　　Mother, Cambodia.

年輕時遇事，情緒總是表達得很直接，但那時候的哭泣和憤怒並不代表不堅強，至少也是撐過了那些挫敗才活到現在，造就了今天的自己。

長大之後偶爾面對類似的情況，即使心中還是有情緒，但那些曾經想哭泣和憤怒的衝動，總是可以被完美地控制。事情遇多了也就習慣，但那鍛鍊出來的堅強並不是變得冷酷，而是可以用更大的心，去承受世界的打擊。

如果累了
可以試著休息
而不是非得放棄

金色世界·紐西蘭　　The Golden World, New Zealand.

你總要嘗試一個人前行，沒人會永遠在你身邊。如果感到沒人能和自己分擔那些壓力時，不用在這麼掙扎的狀態裡決定繼續或是放棄。

放棄和堅持並不是唯二的選擇，有時候適當的休息，可以讓自己好好想清楚。如果真的累了就休息一下吧！

善良給對了人
會讓人感到暖心
給錯了人
只會覺得寒心
你的善良要留給
懂得的人

佛眼・柬埔寨　　The Eyes, Cambodia.

在某些人的面前，你可能做什麼都會被嫌，但在某些人的眼裡，你就像是個無可取代的美好存在。

所以謹記，自己的價值並不因為他人的否定而消失，你可以選擇善良的付出，但是要留給懂得的人。

在高處時
你的朋友知道你是誰
在低處時
你才知道
自己的朋友有誰

山形飛行紀・日本　Yamagata, Japan.

在社會上，大多數的人只會願意分享你的好事，因為多一事不如省一事，自己的事情都多到爆炸了，沒人想找自己的麻煩。所以找到陪你快樂的人很容易，但想找個一起承擔痛苦的卻很少。

陪著你在人生順遂期一起笑鬧的朋友其實很多，但時間久了，有些臉龐對你來說總會變得模糊不清；而曾陪著你在幾次低潮黑暗的人生中一起哭過的朋友，就這樣深深地烙印在腦海裡，陪著自己默默地前進。

有些話不是不敢說
而是不想說
因為那些話
放在心裡比較自在

太浩湖·美國　Lake Tahoe, United States.

不敢說和不想說是有區別的。不敢說可能是外在壓力所造成的,而不想說是以自我中心考量後所決定的。

所謂的考量,是因為這些話說了可能無濟於事,甚至會造成不必要的困擾。

就像很多時候我們得假裝自己很快樂,是因為不想要無謂的關心。所以有些話我選擇不說,是因為放在心裡比較自在,而不因誰的打擾而感到心慌。

有些事
不管我們如何努力
回不去
就是回不去了

交錯飛翔‧台北　Good Bye, Taipei.

時間就像是個從不遲到的郵差先生，你所寫下的故事都將變成一封又一封的信去到未來，現在的我，正是過去慢慢形成的。

所有的結果都是自己曾經鋪下的梗，回不去的事情終究是無能為力；而我們能做的只是在發現的這刻起重新書寫，願未來能善待努力的自己。

我沒變
只是你讓我懂得
熱臉永遠不要
去貼冷屁股

對視·柬埔寨　Staring, Cambodia.

我從來都不是一個吝嗇的人，只要你真我就真，或許這樣的人生原則看在別人眼裡像是個傻子。我也懂當人習慣性地得到，終究會變得貪婪，就這樣把別人的好當作理所當然。

最終關係破裂的主因，是那忽冷忽熱的態度太傷人；會選擇退出並不是因為人變了，只是懂得熱臉永遠不要去貼冷屁股。

很多事情可遇不可求
我只是學會了順其自然
不再去挽留是因為
我知道該在的不會走
不屬於自己的
又何必強求

公路·美國   HighWay, United States.

曾經我也在意每件自己認為應該在乎的事，可是卻發現很多時候，努力並不能改變什麼。有些事確實讓人覺得無能為力，這樣說或許有點消極，但當盡力了、努力了，便問心無愧。

學著去看淡一些事也是對自己的一種保護，不屬於自己的又何必去強求。

現在的遭遇不好
不代表一輩子都如此
好事總是壓箱底

白沙國家公園·美國　White Sands National Park, United States.

人生就是一個又一個環節所組成的，每個環節或多或少會有故障的時候，壞了一個又不是壞了全部，其他的環節依舊努力地運行。

宇宙總有個定律，雖然有壞事發生，只要還沒遇見好事，人生就尚未抵達終點。

人到了晚上
都是感性的動物
會想很多事
而且很多時候
是容易感傷的
那種情緒總是控制不住
輕輕一碰就痛

普恩山·尼泊爾　Poon Hill, Nepal.

是否因為夜裡的世界讓人感到比較自在，還是白天的世界存在太多的外在壓力。

每當夜裡，隨著情緒漸漸釋放，那些早上被他人所寄予的期待，到了晚上全都無須再承擔、無須再刻意扮演某個社會上的角色；可以喚回自我的靈魂，那些等待著被觸及的快樂、悲傷都在這段時間一一爆發。

我們會在這一刻將自己對於這世界的感受大肆宣洩，至少今晚我們都可以遠離現實生活中的一切，只為了自己。

夜深人靜了
寫下一件最近讓你
覺得很累的事吧

猊鼻溪・日本　Geibikei Gorge, Japan.

我可能不完美，但我至少不虛偽：
我就是個語錄控（經典新編版）

作者｜語錄控（IG：mr.talkingctrl）
攝影｜Peter Su
封面設計｜Peter Su（IG：peter825）
內頁設計｜Peter Su
責任編輯｜劉又瑜

發行人｜蘇世豪
總編輯｜杜佳玲
美術編輯｜陳雅惠
法律顧問｜李柏洋

地址｜台北市大安區和平東路三段 66 號 2 樓
出版發行｜是日創意文化有限公司
總經銷｜大和書報圖書股份有限公司

本版發行｜2024 年 05 月 10 日
定價｜480 元

國家圖書館出版品預行編目 (CIP) 資料

我可能不完美,但我至少不虛偽:我就是個語錄控 / 語
錄控作. -- 初版. -- 臺北市:是日創意文化有限公司,
2023.10
面;公分.
ISBN 978-626-96955-3-9(平裝)

1.CST: 格言

192.8   112013866